たにぞうの 手あそびでござんす

谷口國博 著

はじめに

「自分らしさ」

最近の保育は、にぎやかな音であふれています。
もちろん、それは子どもたちにとって刺激的で魅力的。
ダンス・お遊戯・発表会・運動会などでは、見ているほうもついつい興奮してしまいますね。

でも、本書の手あそびでは、そんな「にぎやかな音」や、
CD・ピアノ・ギターなどは使いません。シンプルに「声」だけで行います。

「先生の声」、「子どもたちの声」、「声」を大切にしたいという思いでこの本を作りました。
先生が先生らしさを見せる一つに、ぼくは「声」があると思っています。
先生の小さい声・大きな声・優しい声・楽しい声などを聞いて、
子どもたちはさまざまなことを「声」から感じます。
元気だったり、疲れていたり、楽しかったり、つらかったり、「声」は毎日変わります。
また、優しい詩・おもしろい詩・悲しい詩などでも、「声」は変わります。

そんな思いから、本書には簡単なうたばかりを選んであります。
ぜひ、皆さんの自分の「声」で、この手あそびを楽しんでみてください。
そして私たちのもっている「声」のすばらしさ、「自分らしさ」、再確認しましょうよ。

谷口國博

目次 Contents

はじめに　3

🌸 春の章

春ですよ！　春ですよ	8
バスにのって	10
もしもね	12
さかながスイスイ	14
しごと！	15
オンボロロボット	16
くものす	18
いつかおおきく	20
げたばこ	22
ながーいの	24
カラスがかあさんを	26
へんしんです	28
でんしんばしら	30
中華中華	32
しゅうまい	34
とんとんとんとん　おかあさん	36

☀ 夏の章

おすもうさんの おにぎり	38
のどがカラカラ	40
おすもうさん	42
しょうぼうしゃ	44
おばけのはこ	46
たまご	48
のらねこが…	50
角をまがったら	52
ブルブルドッグ	54
うえしたよこ	56
フラミンゴ	58
水中めがね	59
カイかな、イカかな	60

秋の章

つきのうさぎ	62
ふしぎないと	64
やおやさん	66
しゃくとりむし	68
まほうのシャンプー	70
バナナをたべる	72
おさむらいのちょんまげ	74
おおきなくまのいえ	76
しのびあし	78
むしめがね	80
そらとぶUFO	82

冬の章

サンタがやってきた	84
すわりたかったすわりかた	86
どちらさま	88
すりむいた	90
はと時計	92
ねんどねんど	94
だれもしらない	96
おにおに	98
くるくるくるっ	100
ゆげがもくもく	102

春の章

春ですよ！ 春ですよ！

春ですよ！ お花が咲きますよ！
いろんなところに咲きますよ！

★1 （1番）
はるですよ　はるですよ　あたまにおはながさきました

手拍子をする。

★2　1　2　3

両手で指を1本、2本、3本と立てる。

★3　パッ

頭の上で両手を
パッと広げる。

【春ですよ！ 春ですよ！】 作詞／作曲 谷口國博

1.〜5. は　るですよ　　はるですよ　{あたまに／おみみに／おくちに／おへそに／おしりに} おはなが　さきました　　1　2　3　パッ

[春の章] Spring

 （2番）
（おみみにおはながさきました　1　2　3）
パッ

☆、☆と同様に動いた後、どちらか片方の耳のところで両手をパッと広げる。

 （3番）
（おくちにおはながさきました　1　2　3）
パッ

☆、☆と同様に動いた後、口のところで両手をパッと広げる。

 （4番）
（おへそにおはながさきました　1　2　3）
パッ

☆、☆と同様に動いた後、へそのところで両手をパッと広げる。

7 （5番）
（おしりにおはながさきました　1　2　3）
パッ

☆、☆と同様に動いた後、おしりのところで両手をパッと広げる。

バスにのって

バスに乗ってお出かけです。
カーブ、ブレーキに気をつけて運転しましょう。

 バスにのって
ゆられてる

ハンドルを握って体を揺らす。

 バスにのって
ゆられてる

片手のこぶしを
2回高く上げる。

 （1番）
そろそろ
みぎにまがります　ギィ〜

体を右に傾ける。

 （2番）
そろそろ
ひだりにまがります　ギィ〜

体を左に傾ける。

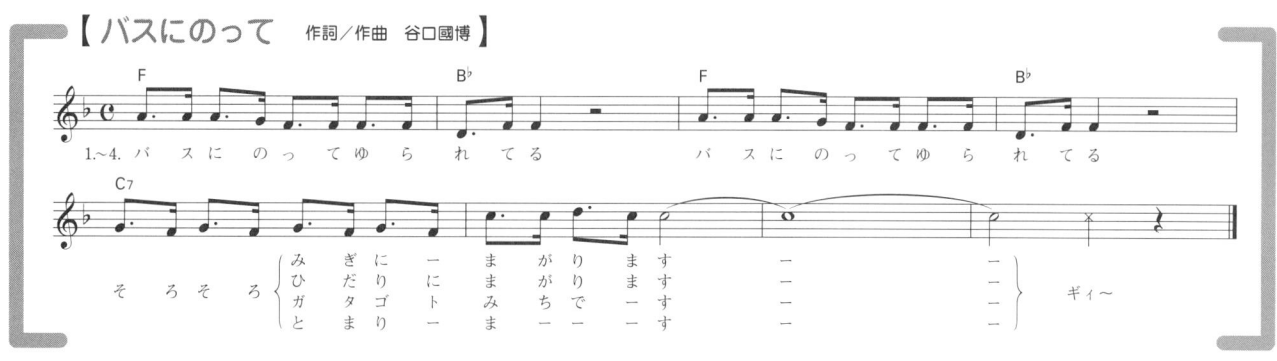

【バスにのって　作詞／作曲　谷口國博】

★5 （3番）
そろそろ　ガタゴトみちです
ギィ〜

体を激しく揺らす。

★6 （4番）
そろそろ　とまります
ギィ〜

体を若干そらしてブレーキがかかったように。

Variation 【バリエーション】

●お友だちとつながって遊ぶと盛り上がります。

「さあ、出発！」

［春の章］ Spring

 もしもね

受話器を持つのって楽しいね。
体のいろんなところでお話ができればもっと楽しいね。

 もしもね
もしもね

腕組みのポーズ。

 （1番）
もしも
てがでんわだったら

手を耳に当てる。

★3 （2番）
もしも
かたがでんわだったら

肩を耳に当てる。

【もしもね】 作詞／作曲　谷口國博

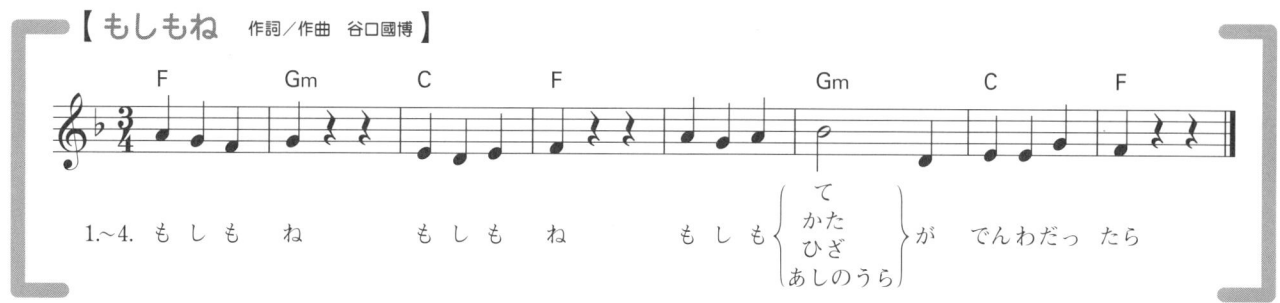

1.〜4. もしも ね　　もしも ね　　もしも ｛て／かた／ひざ／あしのうら｝ が　でんわだっ たら

★4 （3番）
もしも
ひざがでんわだったら

★5 （4番）
もしも
あしのうらがでんわだったら

ひざを耳に当てる。

足の裏を耳に当てる。

Variation 【バリエーション】

● いろんなところを受話器にして友だちとつながってみよう。

［春の章］ Spring

さかながスイスイ

魚みたいに群れになってスイスイ泳ごう。
魚になりきってジャンプしたり、口をパクパクさせてみよう。

★1
さかながスイスイ
およいでる×2　〜パッ

うたに合わせて泳ぐように歩いて、「パッ」で座っている友だちにタッチ。タッチされた子は立って泳ぎ始める。

★2 （2回目）

タッチされた子は、タッチした子の後ろについてどんどん増えていく。

【さかながスイスイ　作詞／作曲　谷口國博】

さかなが　スイスイ　およいでる　さかなが　スイスイ
およいでる　ス　イ　ス　イ　スイ　スイ　スイ　パッ

Variation 【バリエーション】

●その1
「パッ」の部分を、口を大きくあけてきれいに鳴らす。

●その2
「さかな」の部分を「マグロ、イルカ、メダカ」などに替えてまねをしながら歌い、「パッ」でさかなが跳ねるようにジャンプする。

おとうさんもおかあさんも、しごとしごとって忙しい。
右手と左手で違うことをやっちゃうくらい忙しいんだ。

★1 しごと　しごと　しごとはいそがしい

汗をふくしぐさを右手、左手の順にする。

★2 みぎてはトンカチ　トントントン

右手でトンカチをたたく動きを繰り返す。

★3 ひだりてノコギリ　ギーコギコ　〜ハイハイハイ

右手を動かしながら、左手でノコギリを引く動きを繰り返す。

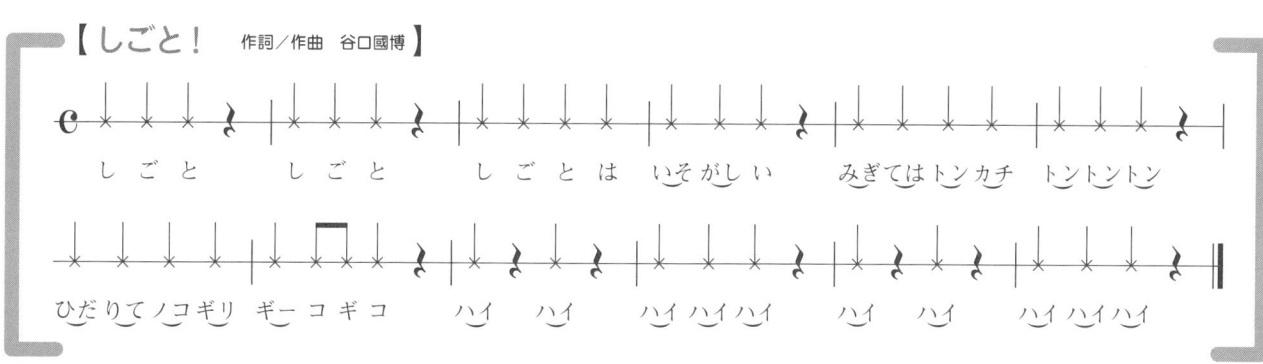

【しごと！　作詞／作曲　谷口國博】

Variation 【バリエーション】

●いろいろな仕事をしてみよう！

右手でパソコン　カチャカチャカチャ
左手でケータイ　ピッピッピッ

右手で包丁　トントントン
左手でフライパン　クールクル

[春の章] Spring

 オンボロロボット

古いロボットたちも、がんばって働いています。
ロボットに負けないようがんばりましょう。

 **1** オンボロロボット×2

ロボットのように動く。

 **2** ウィーンウィーン ウィーン

ロボットのように歩く。

 **3** （1番）
でんちがとまって
ガッシャガシャ

止まる。

4 （2番）
でんちがよわって
ヨーロヨロ

弱々しくロボット歩き。

⑤ （3番）
でんちがつよくて
ガチガチガチ

ロボットの動きで走る。

Variation 【バリエーション】

● 街のロボットを探しに行こう。

[春の章] Spring

くものす

みなさん気をつけてくださいよ。
そちらには、くもの巣がたくさんあります。

 くものすビヨンビヨン

伸ばしてくっつけた4指と親指で「く」の字のような形を両手で作り、ひじから左右同時に上に上げる。

 うえにしたにビヨンビヨン

★1の手の形をして、左のひじ、右のひじと交互に上げる。

 ひとねむり

5指を伸ばした手を重ねて、顔の右、左に添える。

 カサカサ

指を伸ばし広げた両手をひじから軽く曲げて動かす。

【くものす　作詞／作曲　谷口國博】

1.2. くものす　ビヨンビヨン　うえにしたに　ビヨンビヨン　くものす　ビヨンビヨン　うえにしたに　ビヨンビヨン　ひとねむり　カサカサ　{トンボ／チョウチョ}がくっついた　ワッ

5　(1番)　トンボがくっついた　ワッ

両手を伸ばして広げトンボが飛ぶしぐさをした後、「ワッ」で、くもの巣に引っ掛かった動きをする。

6　(2番)　チョウチョがくっついた　ワッ

両手を軽やかに上下してチョウが飛ぶしぐさをした後、「ワッ」で、くもの巣に引っ掛かった動きをする。

Variation 【バリエーション】

●くもの巣探しに行きましょう。

[春の章] Spring

 いつかおおきく

空ではこいのぼりが気持ちよさそうに泳いでいます。
5月の風は気持ちいいですね。

 (1番)
かわでメダカが
スイスイ（スイスイ）×2

両手のひとさし指どうしを伸ばしてくっつけ手を握り、メダカに見たててスイスイと泳いでいるように動かす。

 いつか
おおきくなって
りっぱなドジョウ

パチパチと拍手をする。

 プイ

（2本くっつけて）

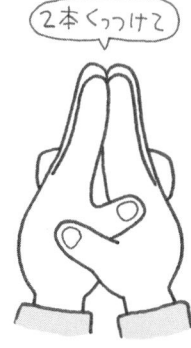

両手のひとさし指と中指を伸ばしてくっつけ、手を握る。

 (2番)
かわでドジョウが
スイスイ（スイスイ）
〜フナになる

★3の手の形で★★と同様に動かす。

 プイ

（3本くっつけて）

両手のひとさし指と中指と薬指を伸ばしてくっつけ手を握る。

 (3番)
かわでフナが
スイスイ（スイスイ）
〜コイになる

★5の手の形で★★と同様に動かす。

【いつかおおきく　作詞/作曲　谷口國博】

1. か　か　わ　で　メダカ　が　が　〜スイ　スイ（スイ　スイ）
2. か　か　わ　で　ドジョウ　が　が　〜スイ　スイ（スイ　スイ）
3. か　か　わ　で　ドコ　ー　が　が　〜
4. か　か　わ　で　コイ　ー　が　が　〜
5. か　か　そ　で　のぼり　が　が　〜

いつかおおきくなって　〜　りっりっりった　ばばばばか　ドコ　ー　ジョナ　ー　ななないにのいも　ー　なななぼな　うるるるり　〜　プイ

★7　プイ

「4本くっつけて」

4指を伸ばしてくっつける。

★8　（4番）かわでコイがスイスイ（スイスイ）〜こいのぼり

★の手の形で★、★と同様に動かす。

★9　プイ

両手を広げてくっつけ、手を上に。

★10　（5番）そらでこいのぼりがスイスイ（スイスイ）×2

両手を高く伸ばして、全身で大きくこいのぼりが泳ぐように体を動かす。

★11　いつかおおきくなってたかいくもになる

パチパチと拍手をする。

★12　プイ

両手を高く伸ばしてジャンプ。

げたばこ

あれっ、これは誰のくつだろう？
おとうさんかな？　おにいちゃんかな？

1 うちのいえのげんかんに

リズムに合わせて手拍子をする。

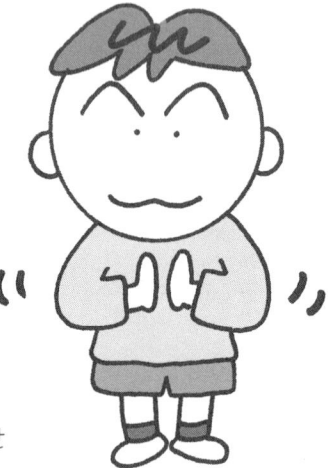

2 だれかのくつがひとつ

腕組みをして考えるポーズ。

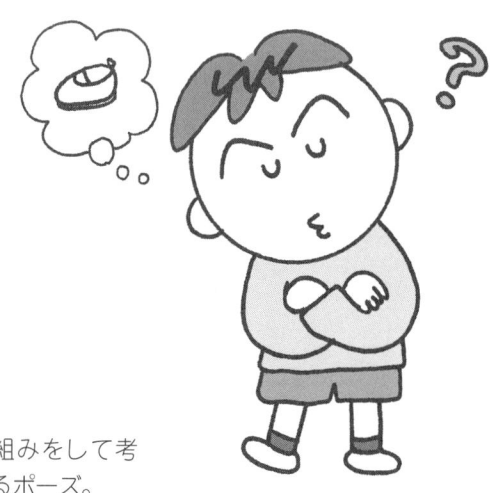

3 そっとはいたら

片足を上げてくつをはくまね。

4 （1番）うさぎさんになっちゃった

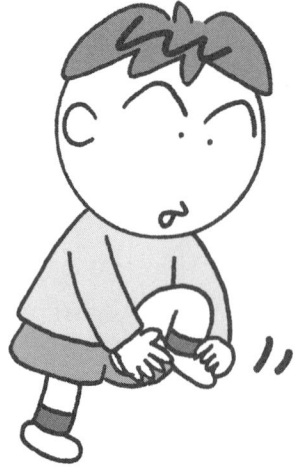

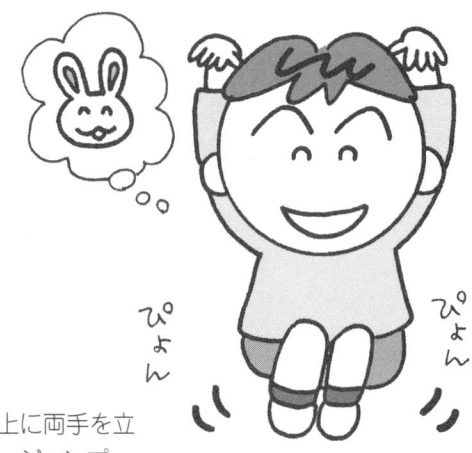

頭の上に両手を立てて、ジャンプ。

【げたばこ　作詞／作曲　谷口國博】

1.～3. うちのいえのげんかんに　だれかのくつがひとつ　そっとはいたら｛うさぎ／ねこ／ぞう｝さんになっちゃった

 （2番）
ねこさんになっちゃった

 （3番）
ぞうさんになっちゃった

顔のわきで両手を手首から曲げてねこのふり。

右手をゆっくり振ってぞうのふり。

Variation 【バリエーション】

● 春は新しい友達がやってきます。いろいろなくつを探してみましょう。

[春の章] Spring

ながーいの

長ーいものをいろいろ見つけてみよう。
どんな長いものがあるかな。

 1 ながい

顔の前で手を構える。

 2 ながい

両手の間を、ゴムを伸ばしていくように肩幅より、やや広く広げていく。

 3 なにがながいのー

だんだん広げながら、手を伸ばしきる。

 4 （1番）
ゾウさんのおはなは

右手をゾウの鼻のように伸ばし、動かしてゾウの鼻のポーズ。

 5 ながいのー

★〜★の動きを繰り返す。

【 ながーいの　作詞/作曲　谷口國博 】

1.～7. ながい ながい　なにが ながーい の　ー

ゾウ さんの お はな は
キ リン のく ー び は
サ ル のしっ ぽ は
ヘ ビ のか ら だ は
ウ サギ のみ ー み は
ツ ル のく ー ち は
カ エ ル のし ー た は

ながーい の　ー

[春の章] Spring

 (2番) **キリンのくびは**

 (3番) **サルのしっぽは**

 (4番) **ヘビのからだは**

首を伸ばして、手のひらを首の前に添え、キリンの首のポーズ。

腰を振りながら、おしりのところから右手を後ろに伸ばしていって、サルのしっぽのポーズ。

両手を伸ばして頭の上でつけ、体を斜めに伸ばして、ヘビの体のポーズ。

 (5番) **ウサギのみみは**

 (6番) **ツルのくちは**

 (7番) **カエルのしたは**

両手を耳の後ろから上に伸ばしていって、ウサギの耳のポーズ。

両手のひとさし指と親指を口元から先に伸ばしていって、ツルの口のポーズ。

舌を伸ばして、カエルの舌のポーズ。

カラスがかあさんを

きょうもどこかでだれかが呼んでいる。
「おーいおーい」だれだろう？

★1 （1番） カラスが

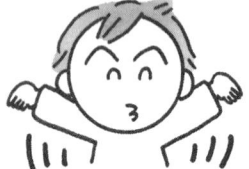

両手を伸ばして羽ばたくように上下させる。

★2 かあさんをよんだ

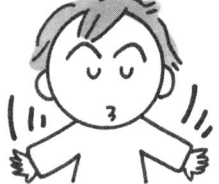

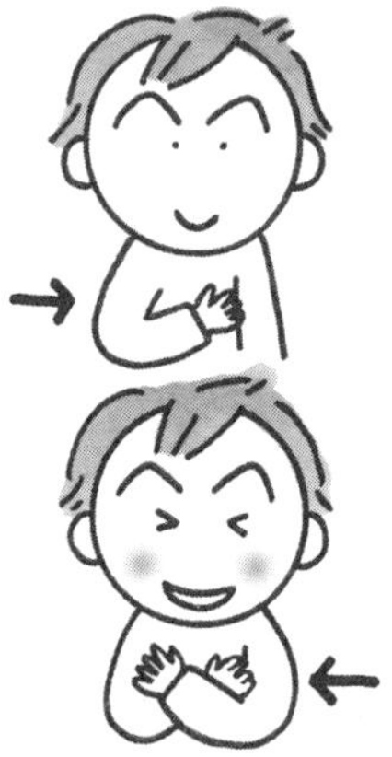

右手、左手の順に胸につけ、手を交差させる。

★3 カーカー おかあさん

★1と同様に。

★4 （2番） ネコが

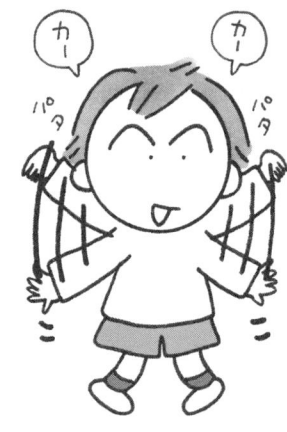

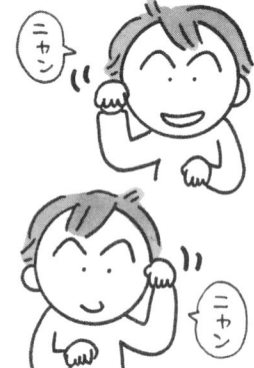

両手で握りこぶしを作り手首から曲げ、右、左の順に上げる。

★5 ねえさんをよんだ

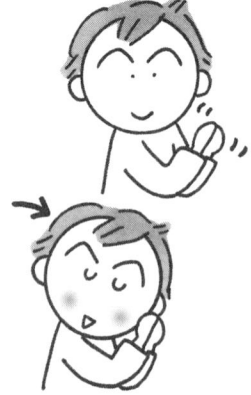

顔の左わきで両手を合わせてから、首を傾げてほほにつける。

★6 ネェーネェー おねえさん

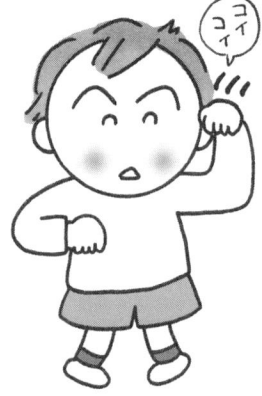

★4と同様に動かしながら、上げた手の方でおいでおいでする。

【カラスがかあさんを　作詞／作曲　谷口國博】

1. カラスが かあさんを　よよんだだ　カーカ　ーンカ　おかねにと　あさんさんえ
2. ネーコが ねえさんを　よよんだだ　カネェーンネェ　ーンニ　おおねにと　あさんさんえい
3. にんじゃが にいさんを　よよんだだ　ニーンニ　ーンニ　おおにとお　いさんさんう
4. ヒーローが とうさんを　よよんだ　トーート　ーート　おおとお　うさん

7 （3番）
にんじゃが

ひとさし指を立てて両手を合わせ、左、右の順に斜めに上げる。

8 にいさんを
よんだ

両手を腰に当てる。

9 ニンニン
おにいさん

☆と同様に動いた後、手を正面にして上下する。

10 （4番）
ヒーローが

両手を握って、左、右の順にファイティングポーズをする。

11 とうさんを
よんだ

両手で力こぶを作って、ガッツポーズ。

12 トートー
おとうさん

⑩と同様にポーズを作りながら、パンチを繰り出す。

へんしんです

指がいろいろなものに変身していく数えうたの手あそびです。
好き嫌いをしないでたくさん食べて変身です。

1 いちご いちご いちごを たべたら

両手のひとさし指を立てて前後に揺らす。

2 へびにへんしんです

両手のひとさし指をくねくねと怪しい感じに動かす。

3 ニンジン ニンジン ニンジンをたべたら

両手のひとさし指と中指を立てて前後に揺らす。

4 ウサギに へんしんです

両手を頭の後ろにつけてウサギのポーズ。

5 さかな さかな さかなをたべたら

両手のひとさし指と中指とくすり指を立て横に向けて、泳いでいるように揺らす。

【へんしんです　作詞／作曲　谷口國博】

1. いちご　いちご	いちごをたべたら	へーび　に	へんしんです
2. ニンジン　ニンジン	ニンジンをたべたら	ウサギ　に	へんしんです
3. さかな　さかな	さかなをたべたら	ネコ　に	へんしんです
4. シャーケ　シャーケ	シャーケをたべたら	ヒグマ　に	へんしんです
5. ごはん　ごはん	ごはんをたべたら	げんき　が	もりもりです

 **6** コネコに へんしんです

3本指をひげに見たてて顔につける。

 **7** シャケ　シャケ　シャケをたべたら

4本指で、シャケが川を上っているように動かす。

8 ヒグマに へんしんです

両手を顔の前に出してヒグマのポーズ。

 **9** ごはん　ごはん　ごはんを たべたら

左手に茶碗を持ち、右手でごはんを食べているように動く。

 **10** げんきがもりもりです

力こぶを作って元気もりもりのポーズ。

［春の章］ Spring

 でんしんばしら

電信柱はえらいのです。
いつでもまっすぐ立っていて、えらいのです。

 でんしんばしらに ×2

手を上に伸ばして電信柱のポーズをする。

 （1番）スズメがとまった

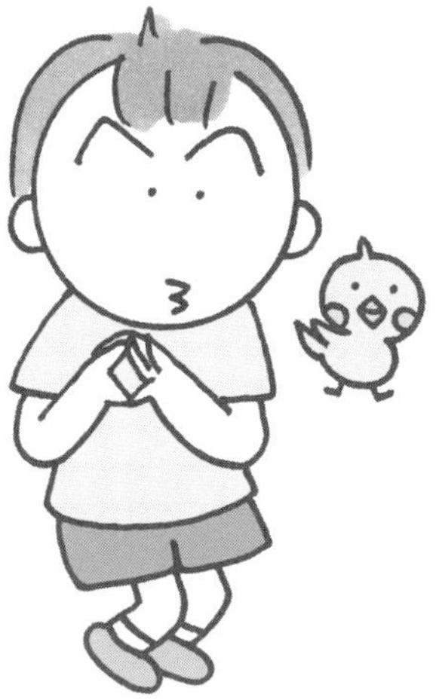

手でスズメの形を作る。

 でんしんばしらは ×2

と同じように。

★ じーっとうごかない

右手のひとさし指を立て口の前に。

★ えらいえらい

右手を斜め上に伸ばしてポーズ。

【でんしんばしら　作詞／作曲　谷口國博】

 **えらい**

両手を斜め上に伸ばしてポーズ。

 （2番） **カラスがとまった**

両手を広げてカラスのポーズ。

 （3番） **かぜがふいてきた**

右手を横に伸ばし、左手を胸の前にして風のポーズ。

 （4番） **よっぱらいがぶつかった**

右斜め後ろを見てよっぱらいのポーズ。

（5番） **イヌがしっこした**

片足を上げてイヌのポーズ。

［春の章］ Spring

中華中華

中華中華で　やっぱりきょうも
中華団らん

1　ちゅうか ちゅうか
　　ちゅうか ちゅうか

歌いながら、首と手を回す。

2　きょうの

右手のひじから上を
垂直に立て、左手は
胸の前で水平に。

3　ちゅうかは

左手も右手と同様に。

4　（1番）
　　ぎょうざ

片側の耳を顔の脇に押しつけて「ぎょうざ」の
ポーズ。

【中華中華　作詞／作曲　谷口國博】

1.〜4. ちゅうかちゅうか　ちゅうかちゅうか　きょうのちゅうかは ｛ ぎょうざ／しょうろんぽう／エビチリ／フカヒレ ｝

[春の章] Spring

⭐5 （2番）しょうろんぽう

両手の指どうしをくっつけてふくらませ「しょうろんぽう」のポーズ。

⭐6 （3番）エビチリ

両手のひとさし指を曲げて「エビチリ」のポーズ。

⭐7 （4番）フカヒレ

両腕を胸の前で交差し、手を顔の横でヒラヒラして「フカヒレ」のポーズ。

Variation 【バリエーション】

● 散歩に行き近所の中華料理やさんのディスプレイを見て、料理のバリエーションを増やしましょう。

🌼 しゅうまい

エビしゅうまい、カニしゅうまい、ただのしゅうまい、
どれがいちばんおいしいかな。どれが強いかな。

⭐1 しゅうまい しゅうまい ×2

かいぐりをする。

⭐2 エビしゅうまい

手をパーにしてえびぞる。

⭐3 しゅうまい しゅうまい ×2

⭐1を繰り返す。

⭐4 カニしゅうまい

手をチョキにして、カニのように体の横にだす。

⭐5 しゅうまい しゅうまい ×2

⭐1を繰り返す。

⭐6 ただのしゅうまい

手でグーをつくり頭の上に（グリーンピースのイメージ）。

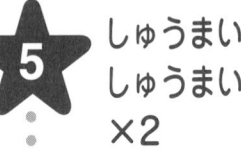

【しゅうまい　作詞／作曲　谷口國博】

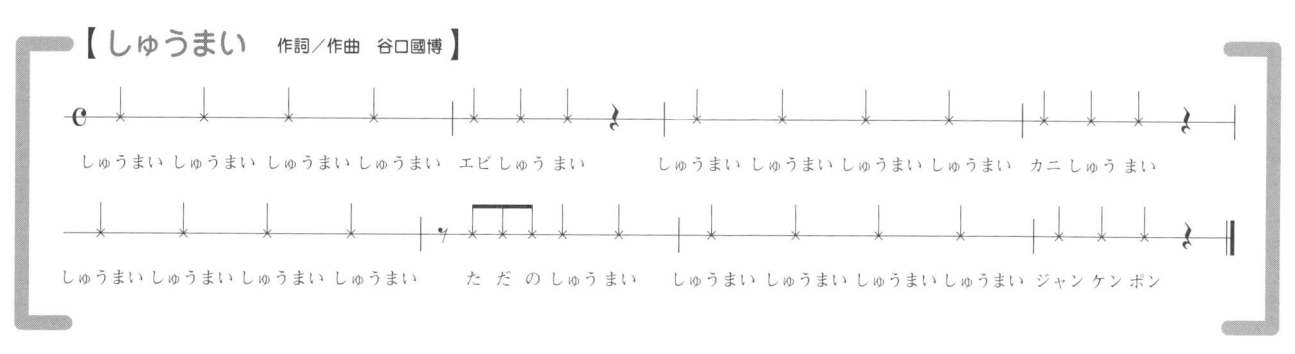

しゅうまい しゅうまい しゅうまいしゅうまい エビしゅうまい　　しゅうまい しゅうまい しゅうまいしゅうまい カニしゅうまい
しゅうまい しゅうまい しゅうまい しゅうまい　ただ の しゅうまい　しゅうまい しゅうまい しゅうまいしゅうまい ジャンケンポン

★7 しゅうまい しゅうまい ×2

★を繰り返す。

★8 ジャンケンポン

ジャンケンをする。

「ジャンケン」「ポンッ」「あ、負けた！」

★9 ジャンケンに勝った子は、負けた子を食べちゃおう！

「ただのしゅうまい、食べちゃうぞっ！」「ぱくっ」「ひえ～」

とんとんとんとん おかあさん

いつもフル回転のおかあさんにお客さんがやってきた。
おかあさん、ぱっと立てるかな？

1 とんとんとんとん
おりょうりつくって

歌に合わせて料理を作るしぐさ。

2 ぱっぱっぱっぱっ
せんたくたたみ

両手を開いて閉じる動作を繰り返す。

3 ひといきついたら
おきゃくさん

お茶を飲むしぐさ。

4 はい

座った姿勢から跳んで立つ。

＊固い場所で遊ばないように注意してください。

【 とんとんとんとん おかあさん　作詞／作曲　谷口國博 】

とん とん とん とん　おりょう りつ くっ て　ぱっぱっぱっぱっ　せん た く た た み
ひ と い き つい た ら　お きゃく さん　はい

夏の章

おすもうさんの おにぎり

おすもうさんはよく食べます。
でも食べ過ぎには注意注意。

1 （1番）
おすもうさん×2

足を開いて立ち、右手、左手の順に交互に張り手を出す。

2 おすもうさんの
おにぎり

胸の前で小さく、両手で三角形を作る。

3 こんなおにぎり

両手を大きく広げる。

4 パクパクパクパク
ぼくもたべたら

おにぎりを食べるしぐさ。

5 おすもうさん

右足、左足の順にしこを踏む。

6 おすもうさん

両足を開いて腰を落とし、胸の前で腕を曲げておすもうさんのポーズ。

【おすもうさんの おにぎり】 作詞／作曲 谷口國博

おすもうさん おすもうさん おすもうさんの ｛おにぎり こんな / おべんとう こんな｝
｛おにぎり / おべんとう｝ パクパクパクパク ぼくもたべたら おすもうさん おすもうさん

★7 (2番) おすもうさん×2
つっぱり
つっぱり
★1と同様に。

★8 おすもうさんの おべんとう
胸の前で小さく、両手で四角形を作る。

★9 こんなおべんとう〜 おすもうさん
パクパクパク
★3〜★6と同様に。ただし2番の「ぼくもたべたら」はおべんとうを食べるしぐさ。

Variation 【バリエーション】

● プールの前に水着でおすもうしてみましょう。

見合って見合って

のどがカラカラ

雨を待っている人もいます。
恵みの雨を生き物といっしょに喜びましょう。

1 (1番)
ゾウさんは
のどがカラカラ
（カラカラ）×2

片方の手を後ろに回し、もう一方の手を元気なくぶらぶらさせ、弱々しいゾウの鼻を表現する。

2 そんなときに
そらからあめが

手拍子をする。

3 ポーツポーツ
ふってきた

片方の手を後ろに回し、もう一方の手を楽しそうに振って、元気なゾウの鼻を表現する。

4 (2番)
キリンさんは
のどがカラカラ
（カラカラ）×2

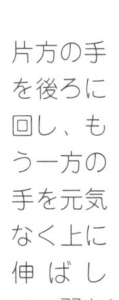

片方の手を後ろに回し、もう一方の手を元気なく上に伸ばして、弱々しいキリンの首を表現する。

5 そんなとき〜
ふってきた

手拍子をした後、片方の手を後ろに回し、もう一方の手を元気よく上に伸ばして、元気なキリンの首を表現する。

6 (3番)
ウサギさんは
のどがカラカラ
（カラカラ）×2

耳のわきから上に伸ばした両手を力なく曲げて、弱々しいウサギの耳を表現する。

【のどがカラカラ　作詞／作曲　谷口國博】

1. ゾウさん
2. キリンさん
3. ウサギさん
4. おはな

はのーどがカラカラ（カラカラ）｛ゾウさん／キリンさん／ウサギさん／おはな｝はのーどがカラカラ（カラカラ）

そんなときにそらからあめがーポーツポーツふってきた

[夏の章] Summer

★7　そんなとき〜ふってきた

手拍子をした後、耳の脇から両手を元気よく上に伸ばして、元気なウサギの耳を表現する。

★8　(4番) おはなはのどがカラカラ（カラカラ）×2

顔の前で両手を合わせて上に力なく伸ばし、弱々しい花を表現する。

しょぼ

★9　そんなとき〜ふってきた

手拍子をした後、両手を元気よく上に伸ばしてから、手だけを広げ、元気な花を表現する。

Variation 【バリエーション】

●雨の日を喜んでいる生き物を探しに出かけてみましょう。

41

おすもうさん

夏場所開催です。
どっちも見合って負けるな負けるな。

★1　おすもうさん×2

そんきょの姿勢で、リズムに合わせて手を上げ下げする。

★2　(1番) おなかをたたいて おすもうさん

ポンポンポンとおなかをたたく。

★3　(2番) にらみあったね おすもうさん

手をついてにらみ合う。

★4　(3番) きあいをいれてる おすもうさん

たかみさかりー
気合い

両手で握りこぶしを作り、すっくと立って気合いを入れるポーズ。

【おすもうさん　作詞／作曲　谷口國博】

1.～7. おすもうさん　　おすもうさん
1. おなかをたたいて
2. にらみあったね
3. きあいをいれて
4. おされておされて
5. つっぱりつっぱり
6. まけてくやしい
7. かってうれしい
　おすもうさん

[夏の章] Summer

★5 (4番) おされておされて おすもうさん
両手を上げて、後ろにヨロヨロ。

★6 (5番) つっぱりつっぱり おすもうさん
前に進んで突っ張り。

★7 (6番) まけてくやしい おすもうさん
右手を顔に当て、左手は腰に当てて泣くポーズ。

★8 (7番) かってうれしい おすもうさん
両手で力こぶを作ってマッチョのポーズ。

しょうぼうしゃ

手あそび体操です。いろいろな乗り物があるんです。
町へ行ってみましょうか？

★1 おせおせおせおせ

両手を前に突き出して押す動きをする。

★2 ブルドーザー

両手のひじを体のわきにつけ、ブルドーザーが押している動きをする。

★3 ほれほれほれほれ

大きなスコップで掘る動きをする。

★4 ショベルカー

右手をショベルに見たててショベルカーの動きをする。

【しょうぼうしゃ　作詞／作曲　谷口國博】

おせおせおせおせ　ブルドーザー　ほれほれほれほれ　ショベルカー
ダダダダダダダダ　ダンプカー　いそいでひをけせ　しょうぼうしゃ

★5　ダダダダダダダダ

手首を反らせて、両手を体の後ろ側に伸ばして、足をバタバタさせる。

★6　ダンプカー

両手を伸ばしながら体を前傾し、ダンプカーのポーズ。

★7　いそいでひをけせ

両手でホースを持っているように動かす。

★8　しょうぼうしゃ

両手を斜め前方に伸ばして放水された水のポーズ。

☀ おばけのはこ

おばけの季節です。
おばけの箱を開けると何が出てくるかな？

★1 おばけのはこが

両手を前に突き出して
おばけのポーズ。

★2 ありました

一本指で
しーかーく

ひとさし指を立てて、胸の前で四角をかく。

★3 ちょっとのぞいて

ひとさし指と親指でのぞき窓を作る。

★4 みてみると

じ〜

両手を丸めて目に当てて望遠鏡のポーズ。

【おばけのはこ　作詞／作曲　谷口國博】

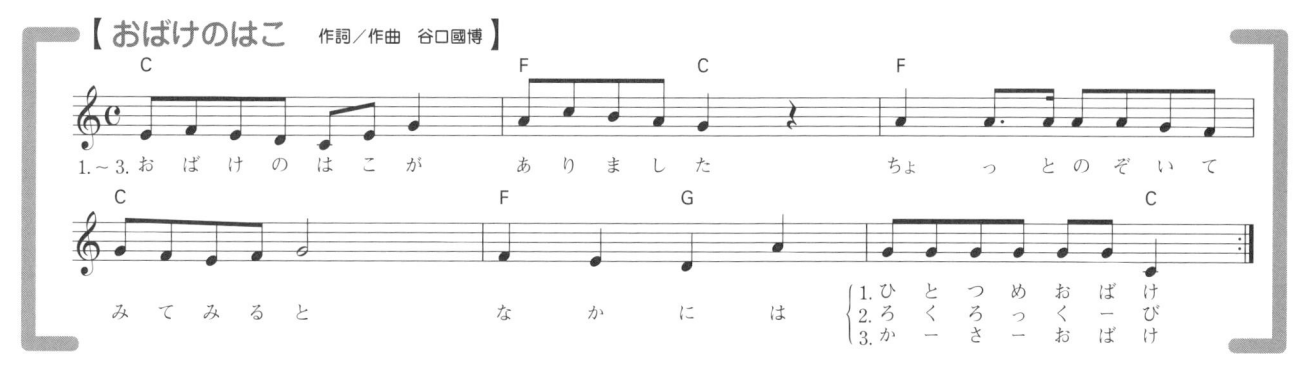

1.～3. おばけのはこが ありました ちょっとのぞいて みてみると なかには
1. ひとつめおばけ
2. ろくろくび
3. かーさーおばけ

★5 なかには
顔の前で手を振る。 

★6 （1番）ひとつめおばけ
片目を閉じて、ひとつめおばけのポーズ。

★7 （2番）ろくろくび
首を伸ばしてろくろくびのポーズ。

★8 （3番）かさおばけ
両手を下方向に開き、片足立ちでポーズ。

[夏の章] Summer

🌟 たまご

卵です。もうすぐ生まれます。
割れて何か出てきますよー。

1 たまごが

両手で卵を持ち、温めて
いるしぐさをする。

2 さかを

左手で坂道を表現する。

3 ころころころがって

かいぐりをする。

4 パカンとわれたら

胸の前で手を合わせてから、ばんざいをする。

【たまご　作詞／作曲　谷口國博】

1.～4. たまごがさかを　ころころころがって　パカンとわれたら　なかから
{ イモムシ
おヘビさん
ヒヨコさん
きょうりゅう }

⭐5 (1番) なかからイモムシ

一本指をうねうね動かして、イモムシを表現する。

⭐6 (2番) なかからおヘビさん

右手をニョロニョロ動かして、ヘビのポーズ。

⭐7 (3番) なかからヒヨコさん

左手でくちばし、右手でしっぽを表現してヒヨコのポーズ。

⭐8 (4番) なかからきょうりゅう

自分の好きなかっこうで恐竜のポーズ。

✿ のらねこが…

きょうものらねこが鳴いています。
ひげを立てて、耳を立てて、ねずみ発見！

1 のらねこが　「ハイ」 
右手の人さし指を動かしながらまゆ毛の上を動かす。

2 ないている　「ハイ」 
左手で同様に。

3 まゆげをととのえて 
まゆ毛に触れる。

4 「ピン！」 
指をピンと上げる。

5 （2番）のらねこがないている 
指を2本に増やして★1、★2を繰り返す。

6 かきねのすきまから
指を閉じたまま目に当てる。

7 「ニン！」 
指を開く。

8 （3番）のらねこがないている 
指を3本に増やして★1、★2を繰り返す。

【のらねこが…　作詞／作曲　谷口國博】

1.〜5. のらねこが「ハイ」ないている「ハイ」
- まゆげを ととのえ て ら　「ピン！」
- かきねの すきまか て ら　「ニン！」
- ひげを ピンとたて て て　「ピン！」
- みみを ピンとたて て て　「ピン！」
- ねずみを つかまえ た　「ニャー！」

---

9 ひげをピンとたてて 
3本指をほおのところに当てる。
おひげ

10 「ピン！」 
3本指のままで、腕を胸の前でクロスする。

11 （4番）のらねこがないている 
指を4本に増やして⭐1、⭐2を繰り返す。
4本指

12 みみをピンとたてて 
4本指を耳に当てる。
耳

13 「ピン！」 
4本指のまま、両手を頭の上に。

14 （5番）のらねこがないている 
指を5本に増やして⭐1、⭐2を繰り返す。
5本指

15 ねずみをつかまえた 
手を胸の前に持ってくる。

16 「ニャー！」 
ねずみをつかまえるように、両手を前に出す。

[夏の章] Summer

角をまがったら

角を曲がったら気をつけてください。
知らないうちにいろいろな動物がついてきますよ。

1 （1番）いっちょうめのかどをまがったら 
指を1本出して4回折る。

2 ねずみがちょろちょろついてきた 
指を動かしながら右手、左手と動かす。

3 こんなかおして 
目をつり上げる。

4 こんなかおして 
目を横に引っぱる。

5 ねずみがちょろちょろついてきた
★2を繰り返す。

6 （2番）にちょうめのかどをまがったら
指を2本出して4回折る。

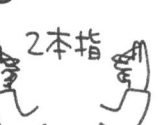

7 かにがちょきちょきついてきた
2本指で★2と同様に。 

8 こんなかおしてこんなかおして
手を上下させながら、かにの顔をする。

9 かにがちょきちょきついてきた
★7を繰り返す。

10 （3番）さんちょうめのかどをまがったら
指を3本出して4回折る。

【角をまがったら】 作詞／作曲　谷口國博

1. いっちょうめの
2. にちょうめの
3. さんちょうめの
4. よんちょうめの
5. ごちょうめの

かーどを　まがったら

｛ みずがちょろちょろ
　にげがきちきち
　くらげがふらふら
　たこがひょろひょろ
　おばけがどろどろ ｝

ついてきた

こんなかおして　こんなかおして

｛ みずがちょろちょろ
　にげがきちきち
　くらげがふらふら
　たこがひょろひょろ
　おばけがどろどろ ｝

ついてきた

---

11 くらげが　ふらふらついてきた
3本指で⭐2と同様に。 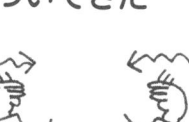

12 こんなかおして　こんなかおして 
指をしたに向けてのくらげのようにする。

13 くらげが　ふらふらついてきた
⭐11を繰り返す。

14 （4番）よんちょうめの　かどを　まがったら 
指を4本出して4回折る。

15 たこが　ひょろひょろついてきた 
4本指で⭐2と同様に。

16 こんなかおして　こんなかおして 
4本指をたこの足のように動かして、口はたこのまね。

17 たこが　ひょろひょろついてきた
⭐15を繰り返す。

18 （5番）ごちょうめの　かどを　まがったら 
指を5本とも4回折る。最後は5本指

19 おばけが　どろどろついてきた 
5本指で⭐2と同様に。

20 こんなかおして　こんなかおして 
手を幽霊のポーズにして、おばけの顔をする。

21 おばけが　どろどろついてきた
⭐19を繰り返す。

[夏の章] Summer

ブルブルドッグ

ブルドッグの顔って、見たことある?
他人とは思えないよね。

1 ブルブルブルブル

手を握って胸の前に持ってきて、ふるえる。

2 ブルドッグ

ほおをつまむ。

3 (1番) かぜをひいたか

せきこむしぐさ。

4 ブールブル

手を胸の前でクロスさせてふるえる。

5 (2番) ねつがあるのか

手を額に当てる。

【ブルブルドッグ　作詞／作曲　谷口國博】

1〜3. ブルブルブルブル　ブルドッグ
かぜをひいたか
ねつがあるのか
プールにはいって
ブールブル

★6　ブールブル
☆と同様に。

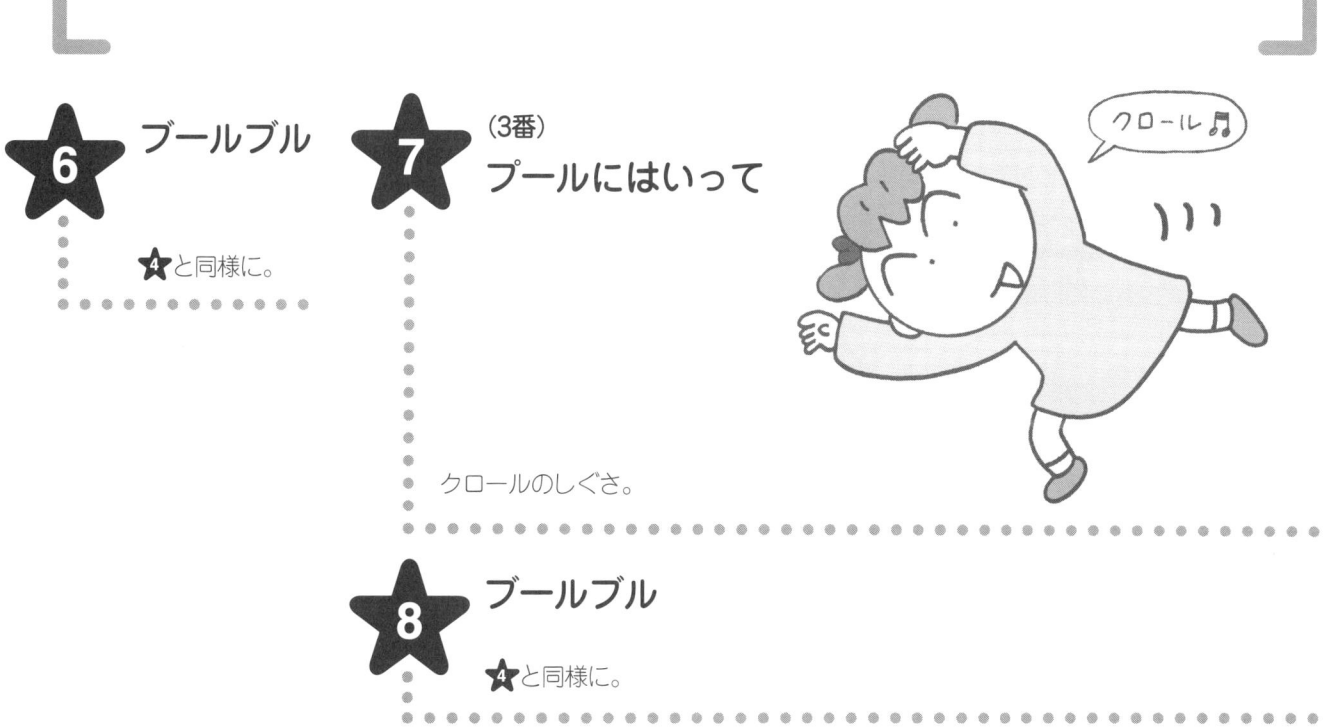

★7　(3番) プールにはいって
クロールのしぐさ。

「クロール♬」

★8　ブールブル
☆4と同様に。

Variation 【バリエーション】

● ブルドッグやいろんな犬の顔を見てみましょう。

プクッ　　ブルドッグ　　しば犬　　ダルメシアン

プードル　　レトリーバー　　　　おじいちゃん「わしににとる」

うえしたよこ

リーダーと同じにならないように！
さあ、上、下、横、どっちかな。

1 うえ

上

リーダーを一人決め、リーダーは歌に合わせて腕を上に。

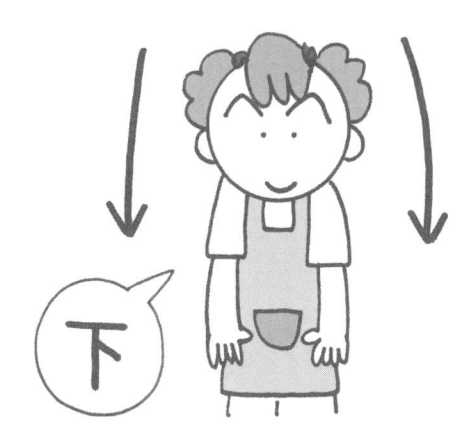

2 した

下

腕を下げる。

3 よこ

横

腕を横に広げる。

4 とんとん

とん とん

2回手拍子をする。

【うえしたよこ　作詞／作曲　谷口國博】

うえしたよこ　とん　とん　とん

★5　とん

とん！

同じになったから先生の勝ち！

負けた！

上、下、横のどれかをして、リーダーと同じだったら負け。

Variation 【バリエーション】

● ★の手拍子のところを、リーダーが上、下、横のどれかの動きをする。最後の「とん」で勝負！

とん　とん　とん　やった♡　勝ち

フラミンゴ

フラミンゴみたいに片足で立っていられるかな。
1回転は優雅にお願いします！

★1 まえ うしろ
片足で立って、歌に合わせて前後に移動する。

★2 みぎ ひだり
★1と同様に、左右に移動する。

★3 くるりとまわって
片足で1回転する。

★4 フラミンゴ
両手を胸から大きく広げる。

Variation【バリエーション】

● 片足立ちのバランス大会を開こう。だれがいちばんフラミンゴみたいに立っていられるかな。

【フラミンゴ】　作詞／作曲　谷口國博

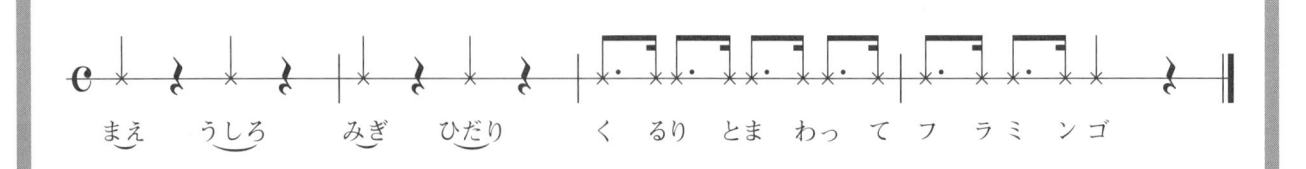

まえ　うしろ　みぎ　ひだり　くるりとまわって　フラミンゴ

水中めがね

海に潜るときは水中めがねでいろいろな魚が見られます。
ほら、たこもさめも、いかも泳いできた！

[夏の章] Summer

1 す す
手拍子をする。

2 すいちゅう
手を水中めがねの形にし、目に当てる。

3 め め めがね
1と同様に。

4 うみの なかには
2を繰り返す。

5 たこがいる ～ちゅー
口をとがらせて、たこのまね。

6 さめがいる ～しゃーく
右手をパーにして頭の上でさめの背びれにし、左手を上下左右に動かす。

7 いかがいる ～いかー
手を頭の上で三角にして動かす。

Variation 【バリエーション】

● ワカメなど、そのほかの海の生きものを探してみよう。

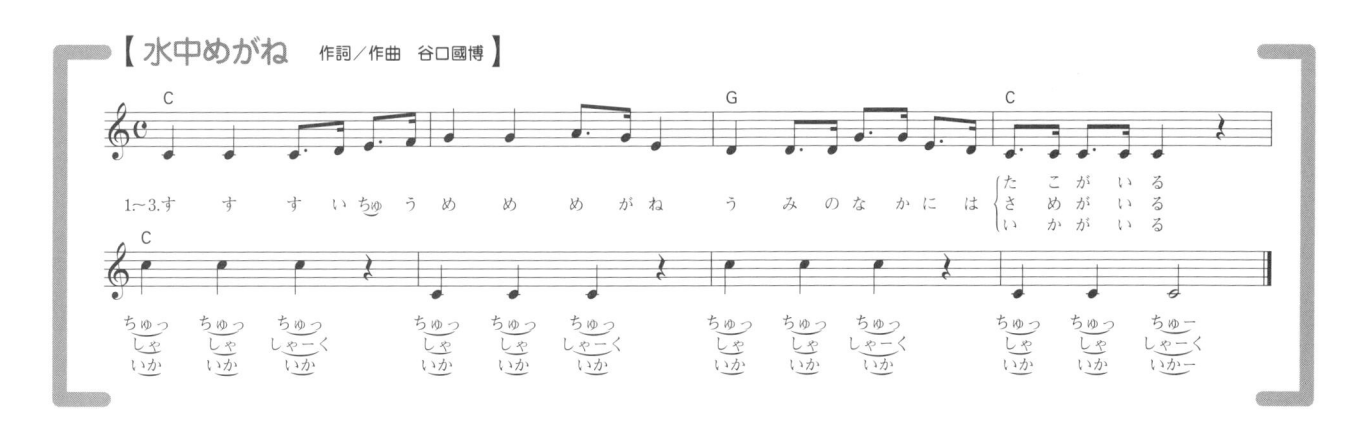

【 水中めがね 作詞／作曲 谷口國博 】

1～3. す す すいちゅう め め めがね うみのなかには
たこがいる
さめがいる
いかがいる

ちゅっ しゃっ いか
ちゅっ しゃっ いか
ちゅー しゃーく いかー
（繰り返し）

カイかな、イカかな

テレパシーあそびです。
けしてひとりでは遊ばないでください。

1 カイかな
リーダーをひとり決める。両手を合わせて横にする。

2 イカかな
両手の親指と、ほかの指で三角形を作る。

3 はてさて どっちかな せーの
手を後ろで隠す。

4 カイ（イカ）
リーダーが何を出すか、テレパシーで感じて「カイ」か「イカ」のどちらかを出す。

Variation 【バリエーション】

- ふたりでやるのもいいけど、4人でやってもいい。うまく合ったらOK！

【カイかな、イカかな】 作詞／作曲　谷口國博

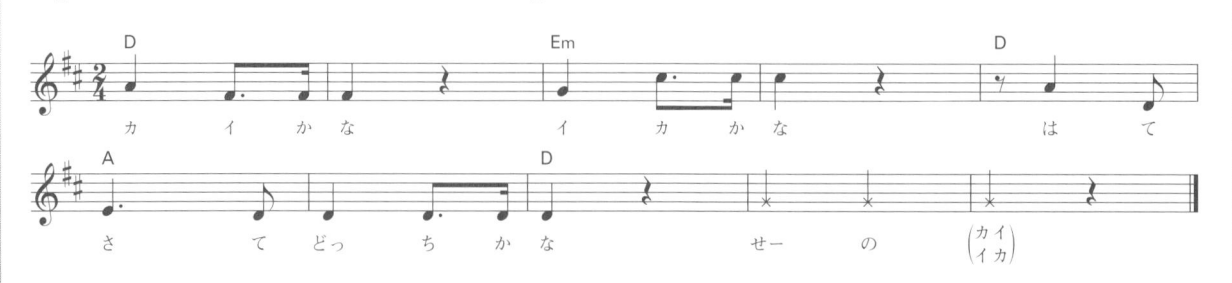

秋の章

つきのうさぎ

空にはきれいなお月さま。
あれっ、うさぎが遊ぼって言っているよ。

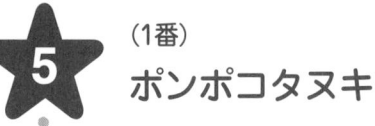

1 そらには

下向きで交差した手を横に広げる。

2 つきの

手を頭上に持ってきて丸を作る。

3 うさぎ

頭に手をつけて立て、うさぎのポーズ。

4 やまには

胸の前で手で三角を作る。

5 （1番）ポンポコタヌキ

おなかの前で握りこぶしを作り、おなかをたたくしぐさ。

[秋の章] Autumn

【つきのうさぎ　作詞／作曲　谷口國博】

| Am | F | Em | Am | | F | Em | Am | | G | | Am |

そらにはつ　きの　う　さぎ　　やまには
1. ポン　ポコ　タ　ヌ　キ
2. ちゅう　ちゅう　ち　ゅ　う　ネ　ズ　ミ
3. コン　コン　キ　ツ　ネ
4. カリ　コリ　こ　リ　ス
　　ふたりでジャンケン　ポイー

★6 ふたりで

かいぐりをする。

★7 ジャンケンポイ

ジャンケンをする。

★8 （2番）ちゅうちゅうネズミ

口をとがらせ、両手のひとさし指を立ててつつくしぐさ。

★9 （3番）コンコンキツネ

両手のひとさし指、中指、薬指を立て、右手を左のほお、左手を右のほおの前に。

★10 （4番）カリコリこリス

両手を口の前に持ってきて何かを食べているしぐさ。

ふしぎないと

ふしぎな糸があるんです。
見えない糸ですよ。さて何を動かそうかな。

⭐1 ふしぎないとが ありました

左右に ゆれる

見えない糸を持って引っぱるようにし、体を左右に揺らす。

⭐2 くるくるくるくる まきつけて

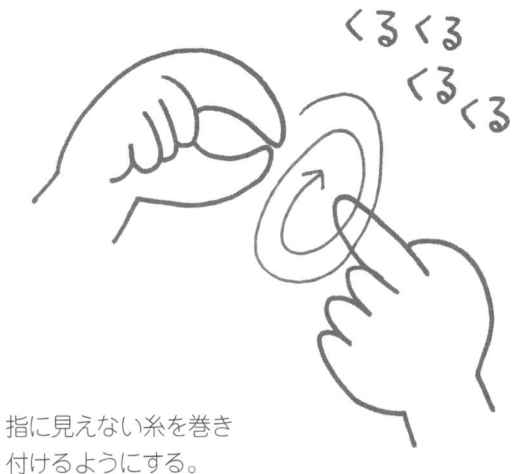

くるくる
くるくる

指に見えない糸を巻き付けるようにする。

⭐3 ふしぎないとに まほうを かければ

左右に ゆれる

体を左右に揺らし、魔法をかけるようなしぐさをする。

【ふしぎないと　作詞／作曲　谷口國博】

★4　ぴっぴっぴっと　うごくのよ

見えない糸を動かして、反対の指が動いているように見せる。

Variation【バリエーション】

●指だけでなく、いろいろな場所を動かしてみましょう。

[秋の章] Autumn

やおやさん

陽気なやおやさんがおりました。
やおやさんお仕事がんばって！

⭐1 おやおやおやおや

ほおの横で「小さく前へならえ」をした手をユラユラ揺らしながら、くの字に前傾した上半身を左右に振る。

⭐2 やおやさん

両手を下から頭の上まで上げてから、すばやく手を振り下ろし、ほおの横で「小さく前へならえ」をする。

ビシ
（横から見たところ）

⭐3 （1番）あたまにバナナがのっかった

左手を腰に当て、右手のひらを頭の上に帽子のように乗せる。

⭐4 ヘイ

左手を腰に当て、右手を斜め上に振り上げてポーズ。

【 やおやさん　作詞／作曲　谷口國博 】

♩= 120

おやおやおやおや　やおやさん

1. あたまにバナナが のっかった
2. サクランボが おめめに くっついた
3. おしりにモーモが くっついた
4. おててがジャガイモに なっちゃった

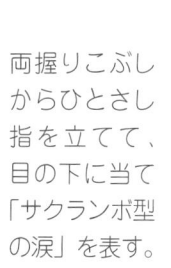

(ヘイ)

［秋の章］ Autumn

★5 (2番) サクランボがおめめにくっついた

両握りこぶしからひとさし指を立てて、目の下に当て「サクランボ型の涙」を表す。

★6 (3番) おしりにモモがくっついた

※パンツはぬがないでね

おしりを突き出して両手を添える。

★7 (4番) おててがジャガイモになっちゃった

手で握りこぶしを作って、目の高さくらいにもってくる。

Variation 【バリエーション】

● 子どもたちとやおやさんに見に行って、ほかにも歌詞を考えてみましょう。

しゃくとりむし

ゆっくりゆっくり歩くのです。
きょうもゆっくり、しゃくとりむし……

★1 しゃくとり
むしむしむし×2

しゃくとりむしの表情をイメージしてつくり、親指をほおにつけながら、ほかの指を順番にもぞもぞと動かす。

こんな？

★2 （1番）
きょうはおててをあるいてる
よいしょ　よいしょ
よいしょ
よいしょ

ひとさし指と親指を開いたり閉じたりしてしゃくとりむしを表現しながら手を登らせていく。

【しゃくとりむし】　作詞／作曲　谷口國博

♩=65

しゃくとりむし むしむし　　しゃくとりむし むしむし
1. きょうはおててを あるいてる
2. きょうはおくびを あるいてる
3. きょうはおかおを あるいてる
よいしょよいしょ　よいしょよいしょ

★3 （2番）
きょうはおくびをあるいてる
よいしょ　よいしょ
よいしょ　よいしょ

同様に首を登らせていく。

★4 （3番）
きょうはおかおをあるいてる
よいしょ　よいしょ
よいしょ　よいしょ

同様に顔を登らせていく。

Variation【バリエーション】

● 友達とじゃんけんをして勝った子は負けた子にしゃくとりむしをしてみましょう。

[秋の章] Autumn

まほうのシャンプー

不思議なシャンプーを見つけましたのでこのたびお知らせいたします。
つけすぎに気をつけてくださいませ。

1 ゴシゴシゴシゴシ
まほうのシャンプー

頭の上でかいぐりをする。

2 つけてあらうと

リズムに合わせて、頭の上の方に4回触れる。

3 （1番）
ライオンです

両手を顔のわきで広げてライオンのポーズ。

4 （2番）
ニワトリです

右手でとさかを、左手でくちばしを表現してニワトリのポーズ。

【まほうのシャンプー】　作詞／作曲　谷口國博

ゴシゴシゴシゴシゴシ　まほうのシャンプー　つけてあらうと
1. ライ オン です
2. ニワ トリ です
3. ウル トラ マン
4. クワ ガタ です

⭐5 (3番) ウルトラマン

両手を十字に交差させて胸の前で構えてウルトラマンのポーズ。

ショワッチ

⭐6 (4番) クワガタです

頭の上ではさみを表現してクワガタのポーズ。

オォクワ

Variation 【バリエーション】

● 家に帰って、髪の毛で実際におふろでやってみましょう。

[秋の章] Autumn

バナナをたべる

おいしいバナナがありました。
さあ、どうやって食べましょうか？

⭐1 (1番) チンパンジーが
右手を頭の上、左手をあごの下に添えてチンパンジーのポーズ。

⭐2 バナナをたべる
両手の指を立ててバナナのように見せる。

⭐3 かわをむいてたべる
1本のバナナの皮をむくしぐさをする。

⭐4 (2番) ゴリラが
両手を握りこぶしにしてファイティングポーズ。

⭐5 バナナをたべる
⭐2と同様に。

⭐6 ウッホウッホたべる
両手で胸をたたくしぐさ。

【バナナをたべる　作詞／作曲　谷口國博】

C	G	F G	C	

1. チンパンジーが ┐　　　　　　　　┌ か　わ　を　む　い　て ┐
2. ゴ　リ　ラ　が ├ バナナを　たべる ┤ ウッホ ウッホ　　　　├ たべる
3. ゾ　ウ　さんが ┘　　　　　　　　└ ど　ー　ん　ど　ー　ん ┘

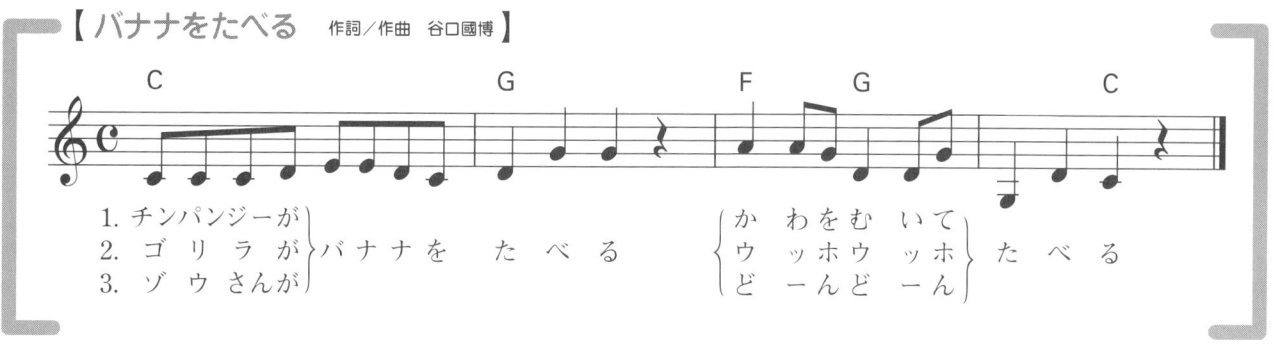

[秋の章] Autumn

★**7** （3番）
ゾウさんが

パオーン

片方の手を鼻に見たてて左右に動かし、ゾウのポーズ。

★**8** バナナをたべる

★2と同様に。

★**9** どんどん
たべる

パク パク

皮ごとどんどんバナナを食べるしぐさ。

Variation 【バリエーション】

● おべんとうや給食のとき、友達がバナナを食べるようすを見てみましょう。

ぱく　　「フォークで切るのか…」　「ほほ〜」「ぼくと同じだ」　モムモム

おさむらいのちょんまげ

昔の人はみんなちょんまげ
殿さまも子どももみーんなちょんまげ

1 (1番)
おさむらいのちょんまげ

4回手拍子をする。

2 ビョーン　ビョン

左手は腰に、「ビョーン」で右手の4指で頭を押さえ、「ビョン」で4指を立てる。

3 おこったときでも

胸の前で両腕を組んで、怒った顔。

4 わらったときでも

両手のひらを開いて、ひじから上げて腕を上下させ大笑いのポーズ。

【おさむらいのちょんまげ　作詞／作曲　谷口國博】

1. おさむらいの　ちょんまげ　ビョーン　ビョン　おさむらいの　ちょんまげ　ビョーン　ビョン
2. こどもの
3. とのさまの

おこったときでも　わらったときでも　おさむらいの　ちょんまげ　ビョーン　ビョン
　　　　　　　　　　　　　　　　　　こどもの
　　　　　　　　　　　　　　　　　　とのさまの

⭐5 (2番) こどものちょんまげ

☆と同様に。

⭐6 ビョーン　ビョン

左手は腰に、「ビョーン」で右手のひとさし指で頭を押さえ、「ビョン」で指を立てる。

⭐7 (3番) とのさまのちょんまげ

☆と同様に。

⭐8 ビョーン　ビョン

左手は腰に、「ビョーン」で右腕で頭を押さえ、「ビョン」で腕を立てる。

[秋の章] Autumn

おおきなくまのいえ

お散歩していたらくまの家の前に来てしまいました。
見つからずにすめばいいんですけどねぇ。

★1 おおきな

両腕を大きく広げる。

★2 くまの

両手をふりかざしてくまのポーズ。

★3 いえのまえ

やね / かべ / 床で / 家のかたち

家の形を表す。

【おおきなくまのいえ】　作詞／作曲　谷口國博

おおきなくまの　いえのまえ　しずかにしずかに　あるきましょう
おおきなくまが　がお ときたら　しんだふり　しんだふり

★4 しずかにしずかに　あるきましょう

忍び足で歩くまね。

★5 おおきなくまががおときたら

★1、★2を繰り返す。

★6 しんだふり　しんだふり

目を閉じて、手を合わせて左右のほおに当てる。

[秋の章] Autumn

しのびあし

忍び足で歩いていても、気づかれそうなときってあるものです。
そんなときは、急いで変身！

★1 し　し　しのびあし
　　　×2

ぬきあし

さしあし

歌に合わせて忍び足で歩く。

★2 おっと
　　てきだ

くるりと　回転

くるりと回転する。

【しのびあし　作詞／作曲　谷口國博】

1.〜4. し　し　しのびあし　　　し　し　しのびあし　　　おっ と て き だ ｛き に へんしん／いし に へんしん／かべ に へんしん／いぬ に へんしん｝

[秋の章] Autumn

⭐ 3　（1番）
きにへんしん

木のまねをする。

⭐ 4　（2番）
いしにへんしん

石のまねをする。

⭐ 5　（3番）
かべにへんしん

壁にぴったりくっつく。

⭐ 6　（4番）
いぬにへんしん

犬のまねをする。

むしめがね

園庭のあちらこちらに虫たちがいます。
たまにはじっくり虫たちの顔を見てあげましょう。

1 むしめがね　むしめがね
むしめがねで

片方の手に虫めがねを持っているつもりで、のぞきこむしぐさをしながらあちこち見る。

2 とんぼのかおをみた

両腕を伸ばして上下させるなどしながら、滑空するしぐさをする。

3 (1番)
めがギラギラ

両手のひとさし指と親指で目を開きながら、あたりを見回す。

4 こわいこわい

両手を胸の前で交差し、リズムに合わせて左右に体をひねる。

【 むしめがね　作詞／作曲　谷口國博 】

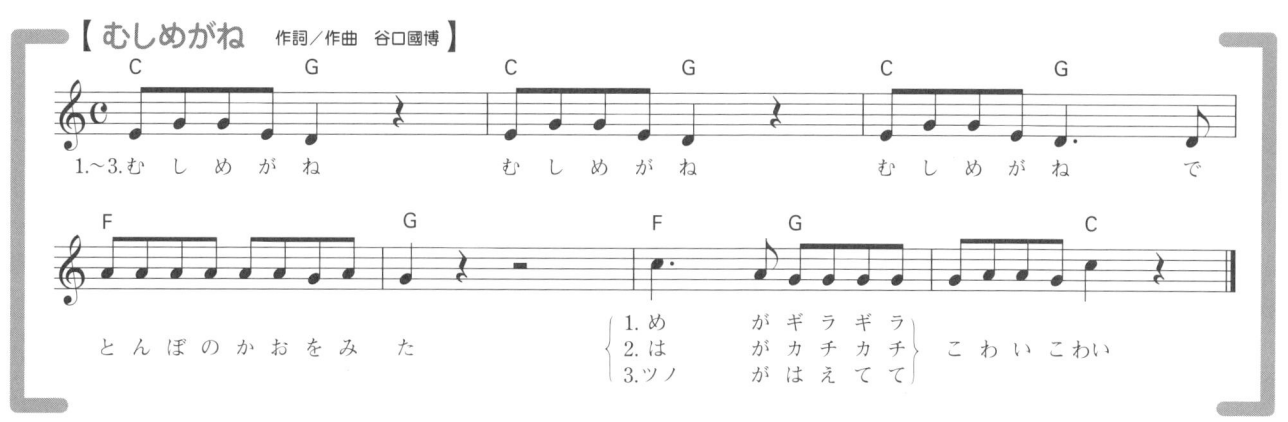

1.〜3. むしめがね　むしめがね　むしめがね　で
とんぼのかおをみた
1. め　がギラギラ
2. は　がカチカチ
3. ツノ　がはえてて
こわいこわい

[秋の章]　Autumn

★5 (2番) はがカチカチ
手を使って口を開いて歯を見せる。 

★6 こわいこわい
★4と同様に。

★7 (3番) ツノがはえてて
両手のひとさし指を立て、頭の上につけて角を作る。

★8 こわいこわい
★4と同様に。

そらとぶUFO

さっきからUFOが体に入ってもぞもぞ。
元気なUFOなんだ。

★1 そらとぶUFOが ふわふわやってきて

準備：長袖でないとできません。右の腕を袖に通さず胸にしまっておきます。左腕を右の袖に通します。

両手が入っているように見せ、左右にユラユラ揺らす。

★2 いつのまにか からだのなかに はいってこうなった

腕を上下にユラユラさせる。

★3 「ポン」

右手を胸の中で動かす。思わぬところが動いて、みんなビックリ。

【 そらとぶUFO 作詞／作曲 谷口國博 】

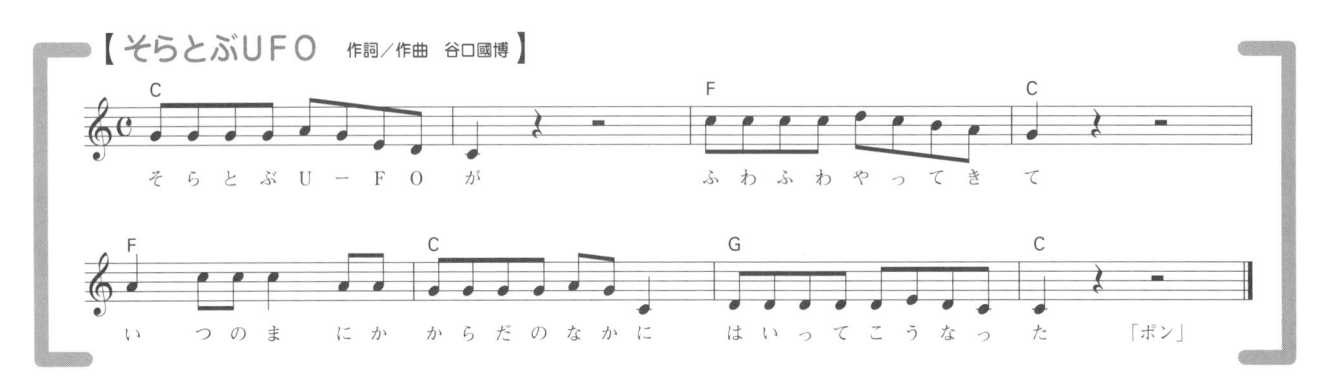

そらとぶU－FOが　ふわふわやってきて
いつのまにか　からだのなかに　はいってこうなった　「ポン」

Variation 【バリエーション】

●UFOを探しにいってみましょう。

冬の章

サンタがやってきた

今年もサンタさんがやってきてくれました。
今年のプレゼントは何かしら？

★1 メリーメリークリスマス

手拍子をする。

★2 ヘイ

右手を胸の前に、左手を斜め上に伸ばす。

★3 サンタがやってきた

★1と同様に。

★4 ヘイ

★2と同様に。

★5 ことしのプレゼントは

よいしょっ！

荷物を担ぐように、両手を右肩、左肩と交互に2回ずつ。

【サンタがやってきた】　作詞／作曲　谷口國博

1.～3. メリー　メリー　クリスマス　ヘイ　サンタ　が　やって　きた　ヘイ　こと
し　の　プレ　ゼント　は　｛くまの　ぬいぐるみ／ちいさな　くーるーま／ながぐつ　の　おーかーし｝　イェイ

⭐6 (1番) くまのぬいぐるみ イェイ

全身でくまのポーズ。

⭐7 (2番) ちいさなくるま イェイ

両手で小さな車を表現する（ミニカーくらい）。

⭐8 (3番) ながぐつのおかし イェイ

両手で長ぐつを表現してから、食べるまねをする。

Variation 【バリエーション】

● ほかにもいろいろなプレゼントを考えてみよう。
例えば
走る自転車
空飛ぶじゅうたん
電車のレール
　　　など

[冬の章] Winter

すわりたかったすわりかた

座りかたを変えると別の人になったみたい。
いろんな座りかたをしてみよう！

1 ぼくも きみも すわりたかった すわりかた

「わたしが リーダー！いくよっ！」
「いいよ」
パンパン

リーダーをひとり決め、みんなで手拍子をする。

2 おかあさん

リーダーのコールに合わせてそれぞれの座りかたをする。おかあさんは正座。

3 おとうさん

あぐら。

【すわりたかったすわりかた】　作詞／作曲　谷口國博

ぼくも　きみも　すわりたかった　すわりかた

★4　おばあちゃん

ひざをつけて足を開く。

★5　おじいちゃん

足の裏をくっつける。

★6　おねえさん

横座り。

★7　たいそうせんしゅ

ひざを抱える。

★8　おじぞうさん

正座をして手を合わせる。

どちらさま

あれっ、だれかお客さまですよ。
まずはのぞいてみましょうか？

★1 ピンポンピンポン

2回

1本指で2回ブザーを押すまね。

★2 どちらさま

だれー？

右手を目の上に当ててのぞく。

★3 （1番）こんなかっこのそばやさん

お待ちっ　ヨッ

右手を上に向け、左手は腰に当ててそばやのまね。

★4 （2番）こんなかっこのピザやさん

両腕で大きな丸を作る。

【どちらさま　作詞／作曲　谷口國博】

1〜4.ピンポンピンポン　どちらさま　こんなかっこの
- んんんん
- ささささ
- ややややと
- ささざし
- そばすお
- ピす
- そお

★5　(3番) こんなかっこのすしやさん

にぎりずしを握っているまね。

★6　(4番) こんなかっこのおとうさん

左手におみやげをぶら下げたおとうさんのまね。

Variation【バリエーション】

●今日はどんなお客さまがやってくるのか、玄関で待っていましょう。

すりむいた

転んだときはだれでも泣きたくなる。
痛いんだよねー。

1 (1番)
ころんであしを
すりむいた

足をすりすりとさする。

2 すりむいた　すりむいた

右目、左目の順に涙をふく。

3 あーいたい

天に向かって叫ぶ。

4 (2番)
ころんでひじを
すりむいた

ひじをすりすりとさする。

5 すりむいた ～ あーいたい

⭐2、⭐3と同様に。

【すりむいた　作詞／作曲　谷口國博】

ころんで
1. あーしを
2. ひーじを
3. おでこを
4. おしりを
} すりむいた　すりむいた　すりむいた　あーいたい

⭐6 (3番) ころんで おでこを すりむいた

おでこをすりすりとさする。

⭐7 すりむいた ～ あーいたい

⭐2、⭐3と同様に。

⭐8 (4番) ころんで おしりを すりむいた

おしりをすりすりとさする。

⭐9 すりむいた ～ あーいたい

⭐2、⭐3と同様に。

Variation【バリエーション】

●日ごろから転ばないように修行しておきましょう。

バランス　ジャンプ　一回転　おっところんでも　ごろん

[冬の章] Winter

はと時計

はと時計っておもしろい。
ちゃんときょうも出てくるかな？

★1 ポッポッポーッ

右手は後ろに、ひじと手首を曲げた左手を、顔の前からリズムに合わせて突きだしながら左へ進む。

★2 はとポッポーッ

左手は後ろに、ひじと手首を曲げた右手を、顔の前からリズムに合わせて突きだしながら右へ進む。

★3 （1番）
いちじになりました

手拍子をする。

★4 ポーッ

ジャイアントババ
のポー

右手はひじを曲げて体のわきで構え、ひじを曲げた左手のひじから先を、顔の前からチョップするように前に出す。

【はと時計　作詞／作曲　谷口國博】

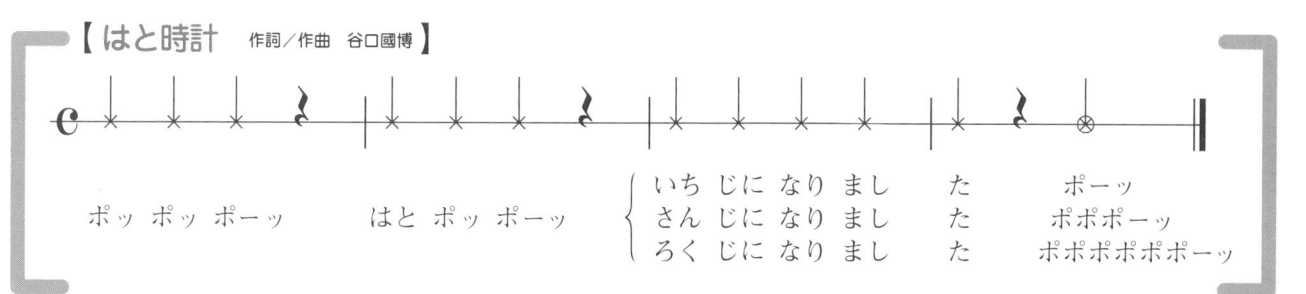

ポッ ポッ ポーッ　　はと ポッポーッ　　いち じに なりまし　た　　ポーッ
　　　　　　　　　　　　　　　　　　　さん じに なりまし　た　　ポポポーッ
　　　　　　　　　　　　　　　　　　　ろく じに なりまし　た　　ポポポポポポーッ

⭐5 (2番)
さんじになりました
ポポポーッ

手拍子の後、⭐の動きを速く3回。

⭐6 (3番)
ろくじになりました
ポポポポポポーッ

手拍子の後、⭐の動きを両手ですばやく6回。

Variation 【バリエーション】

●時計やさんに本物のはと時計を見に行ってみましょう。

[冬の章] Winter

ねんどねんど

寒いときは部屋の中でじっくり遊んでみるのもいい。
粘土でこねこね、いろんな物を作りましょう。

1 ねんどねんど 
両手を握り、右手を上、左手を下にして2回合わせる。

2 こねこね 
手の指どうしを握り、右、左と振る。

3 ねんどねんど こねこね
☆、☆を繰り返す。

4 (1番) ねんどでちょうちょをつくりま 
手拍子をする。

5 しょ 
両手でちょうを作る。

【ねんどねんど　作詞／作曲　谷口國博】

ねんどねんどこ ねこ ね ねんどねんどこ ねこ ね ねん ど でちょうちょを つくり ましょ
(ヘ ー ビ)
(キ ツ ネ)

★6 (2番)
ねんどでヘビをつくりましょ

手拍子をした後、片手を曲げてヘビを作る。

★7 (3番)
ねんどでキツネをつくりましょ

コン！

手拍子をした後、片手でキツネを作る。

Variation 【バリエーション】

● みんなで粘土を使って遊びましょう。いろいろな物を作って、お店やさんごっこもいいですね。もちろんお金も粘土です。さあみなさま、いらっしゃいませー！

お金もつくろ
ラーメン…？
オレ、ラーメン
ギョーザ！
何、作る？

[冬の章] Winter

だれもしらない

だれも見たことのない不思議な扉があります。
開けますか？　やめときますか？

1 だれも
ひとさし指を口の前で立てて「しーっ」とする。

2 しらない
顔の前で手を振る。

3 とびらがひとつ
両手で四角をかく。

4 そっとのぞくと
顔の前で手刀をし、首を傾けてのぞいているようす。

5 なかには
驚いた顔とポーズ。

【だれもしらない】 作詞／作曲　谷口國博

だーれ　も　し　ら　な　い　と　び　ら　が　ひ　と　つ
そーっ　と　の　ぞ　く　と　な　か　に　は
- おじいさん / おばあさん / ゆうれい

⑥ (1番) おじいさん
両手を握りこぶしにしてあごの下につける。

⑦ (2番) おばあさん
左手を腰に当て、右手で杖をつくしぐさ。

⑧ (3番) ゆうれい
両手を顔の前でユラユラさせて、ゆうれいのポーズ。

Variation【バリエーション】

「さあ！のぞいて見るわよ！」
「く…暗いね」
「順番だって」
「何かいるかな」
用具室
カチャ

● 園には子どもたちがまだ入ったことのない場所や扉があるはずです。思いきって扉を開けにいってみましょう。

おにおに

おにの季節がやってきました。
気をつけてくださいよ、おには近くにいますから……。

1 おにおにおにおに

体を揺らして歌いながら、両手で角を出す。

2 （1番）つよいおに

握りこぶしでひじを曲げてマッチョのポーズ。

3 モリモリモリモリ つよいおに

両手で交互に力こぶを作る。

4 （2番）よわいおに

ひとさし指で両目を垂れ目にして弱い顔。

5 ヒョロヒョロ ヒョロヒョロ よわいおに

情けない顔をして、手首をそらせながら両手を下げ、軽く前かがみになってヒョロヒョロ。

【 おにおに　作詞／作曲　谷口國博 】

1.～4. おに　おに　おに　おに
{ つよい　おに
　よわい　おに
　わらい　おに
　こわい　おに }

モリ　モリ　モリ　モリ
ヒョロ　ヒョロ　ヒョロ　ヒョロ
ワッ　ハッ　ハッ　ハッ
プン　プン　プン　プン

つよい　おに
よわい　おに
わらい　おに
こわい　おに

[冬の章] Winter

⭐6 （3番）わらいおに

両手を顔のわきで広げる。

⭐7 ワッハッハッハッ わらいおに

にこにこしながら、広げた両手を上下させる。

⭐8 （4番）こわいおに

両手を胸の前で組んで怖い顔。

⭐9 プンプンプンプン こわいおに

怖い顔のまま、組んだ腕を上下する。

くるくるくるっ

みんなで拍手するのって何だか楽しい！
小さい音の拍手、大きい音の拍手、いろいろやってみよう。

★1 くるくるくるっ　くるくるくるっ

かいぐりをする。

★2 (1番) いっぽんゆびで

指を1本立てて右手、左手を出す。

★3 はくしゅ

指拍手をする。

【くるくるくるっ】 作詞／作曲 谷口國博

1.～5. くる くる くるっ　　くる くる くるっ

いっ	ぽん	ゆ	び	で	は	く	しゅ
に	ほん	ゆ	び	で	は	く	しゅ
さん	ぼん	ゆ	び	で	は	く	しゅ
よん	ほん	ゆ	び	で	は	く	しゅ
ご	ほん	ゆ	び	で	は	く	しゅ

★4

(2番)
にほんゆびで
はくしゅ

(3番)
さんぼんゆびで
はくしゅ

(4番)
よんほんゆびで
はくしゅ

(5番)
ごほんゆびで
はくしゅ

2本〜5本まで指を増やしていく。

[冬の章] Winter

ゆげがもくもく

ゆげの向こうに見えてきたのは？
おさむらいさん？　おじいさん？　それとも？

★1 ゆげがもくもく×2

阿波踊りのように自由に踊る。

★2 （1番）
あたまのうえに

頭に触る。

★3 「ちょんまげ」

左手の人さし指を立ててちょんまげのポーズ。

【ゆげがもくもく　作詞／作曲　谷口國博】

1.～3. ゆげがもくもく　ゆげがもくもく
- あたまのうえに「ちょんまげ」
- あーごのしたに「おひげ」
- おみみのうえに「うさぎ」

★4　(2番) あごのしたに

来るぞ来るぞ

あごに触る。

★5　「おひげ」

右手の指を下向きにしてあごに当てる。

★6　(3番) おみみのうえに

耳に触る。

★7　「うさぎ」

両手を頭の上に立ててうさぎのポーズ。

【著者プロフィール】

谷口國博
（たにぐち・くにひろ）

1970年生まれ。東京都八王子市の保育園に5年勤務した後、フリーの創作あそび作家になる。全国の保育園・幼稚園の先生方の講習会、また親子コンサートなどで活躍中。2005年よりNHK「おかあさんといっしょ・あそびだいすき！」の番組監修を担当。
著書に『たにぞうの手あわせあそびおねがいします』（チャイルド本社）、『スタジイのなつ』（ひさかたチャイルド）、『たにぞうの親子あそびでギュッ！』、『うちのかぞく』、『うちのきんぎょ』（世界文化社）など。

たにぞうホームページ
http://www.tanizou.com/

● 表紙カバーイラスト／村上康成
● 表紙カバー・本文デザイン／福井愛
● 本文イラスト／山口まく
● 楽譜作成／クラフトーン
● 編集協力／青木美加子

【初出一覧】

「春ですよ！春ですよ！」「くものす」「いつかおおきく」「げたばこ」「カラスがかあさんを」「おすもうさんのおにぎり」「のどがカラカラ」「つきのうさぎ」「バナナをたべる」「おさむらいのちょんまげ」「むしめがね」「すりむいた」「はと時計」「ねんどねんど」「だれもしらない」「おにおに」
（『くぷくぷ』　チャイルド本社刊）

「ながーいの」「へんしんです」「でんしんばしら」「中華中華」「しゅうまい」「おすもうさん」「しょうぼうしゃ」「おばけのはこ」「たまご」「やおやさん」「しゃくとりむし」「まほうのシャンプー」「サンタがやってきた」
（『保育プラン』　チャイルド本社刊）

「バスにのって」「もしもね」「さかながスイスイ」「とんとんとんとんおかあさん」「カイかな、イカかな」「すわりたかったすわりかた」
（『あそびのポケット1』　メイト刊）

「しごと！」「のらねこが」「角をまがったら」「うえしたよこ」「フラミンゴ」「水中めがね」「ふしぎないと」「おおきなくまのいえ」「しのびあし」「そらとぶUFO」「くるくるくるっ」「ゆげがもくもく」
（『あそびのポケット2』　メイト刊）

たにぞうの手あそびでござんす

2006年6月	初版第1刷発行
2015年2月	第8刷発行
著　者	谷口國博　©KUNIHIRO TANIGUCHI 2006
発行人	浅香俊二
発行所	株式会社　チャイルド本社
	〒112-8512　東京都文京区小石川5-24-21
電話	03-3813-3781　振替00100-4-38410

〈日本音楽著作権協会（出）許諾第0605526-408号〉

印刷所	共同印刷 株式会社
製本所	一色製本 株式会社
ISBN	978-4-8054-0070-8 C2037

○乱丁・落丁本はお取り替えいたします。
○本書の内容の一部あるいは全部を無断で複写複製することは、法律で認められた場合を除き、著作権者及び出版社の権利の侵害となりますので、その場合は予め小社あて許諾を求めてください。

［チャイルド本社ホームページアドレス］　http://www.childbook.co.jp/
※チャイルドブックや保育図書の情報が盛りだくさん。どうぞご利用ください。